Uditha Egalahewa

Jurisdição do Sri Lanka em matéria de almirantado; aplicação do direito inglês

Uditha Egalahewa

Jurisdição do Sri Lanka em matéria de almirantado; aplicação do direito inglês

ScienciaScripts

Cover image: www.ingimage.com

This book is a translation from the original published under ISBN 978-3-659-90371-7.

Publisher:
Sciencia Scripts
is a trademark of
Dodo Books Indian Ocean Ltd. and OmniScriptum S.R.L publishing group

120 High Road, East Finchley, London, N2 9ED, United Kingdom
Str. Armeneasca 28/1, office 1, Chisinau MD-2012, Republic of Moldova, Europe
Managing Directors: Ieva Konstantinova, Victoria Ursu
info@omniscriptum.com

Printed at: see last page
ISBN: 978-620-8-62617-4

Ao meu querido pai que tem sido uma fonte constante de apoio e inspiração ao longo da minha vida

Conteúdo

Agradecimentos

Esta tese foi redigida sob a direção do Dr. Ivan Vella. Estou-lhe muito grato pelos seus valiosos comentários, dos quais beneficiei imenso. Ele nunca foi pedante e foi sempre muito generoso com o seu tempo.

Os meus agradecimentos especiais vão para o Professor D.J. Attard, que tornou a nossa estadia em Malta agradável e confortável, fornecendo-nos todas as instalações necessárias para os nossos estudos, incluindo computadores nos nossos quartos.

Aref Fakry e Norman Martinez pelo seu apoio e encorajamento ao longo dos meus estudos no IMLI.

Por último, gostaria de expressar a minha sincera gratidão ao Exmo. C. Kamalasabayson, PC, Procurador-Geral do Sri Lanka e ao Exmo. Sr. Sarath N. Silva, PC, Presidente do Supremo Tribunal do Sri Lanka, por me terem recomendado para este programa de estudos e por me terem disponibilizado os fundos necessários.

Uditha P. Egalahewa

Instituto de Direito Marítimo Internacional da OMI, Msida, Malta.

25 de Abril de 2002.

ESTATUTOS

Sri Lanka

Lei sobre a jurisdição do almirantado, n.º 40 de 1983.

Lei da Administração da Justiça, 1973.

Portaria relativa aos naufrágios, acidentes marítimos e salvamento, n.º 5 de 1861.

Lei sobre o transporte marítimo de mercadorias, n.º 21 de 1982.

Portaria sobre os tribunais do almirantado do Ceilão, 1891.

Carta de Justiça de 1833.

Constituição da República Socialista Democrática do Sri Lanka, 1978.

Constituição da República Socialista Democrática do Sri Lanka, 1972.

Introdução do English Law (Civil) Order n.º 5 de 1852.

Lei de Organização Judiciária, n.º 2 de 1978.

Lei sobre a prevenção da poluição marinha, n.º 59 de 1981.

Portaria sobre a Marinha Mercante, n.º 7 de 1863.

Lei da Marinha Mercante. N.º 52 de 1971.

Portaria sobre o direito romano neerlandês (cap. 12) Textos legislativos do Ceilão, 1956.

Reino Unido

Lei do Tribunal do Almirantado, 1840.

Lei do Tribunal do Almirantado, 1861

Lei da Administração da Justiça, 1956.

Colonial Courts Admiralty Act (Lei do Almirantado dos Tribunais Coloniais), 1890.

Lei sobre a organização do sistema judiciário, 1970.

Lei da Marinha Mercante, 1894.

Lei do Supremo Tribunal de Justiça, 1875.

Lei do Supremo Tribunal de Justiça (Consolidação), 1925.

Lei do Supremo Tribunal, 1971.

United Kingdom Merchant Shipping (Amendment) Act, 1994.

Lei do Vice-Almirantado, 1863.

Lei do Vice-Almirantado (alteração), 1867.

CONVENÇÕES INTERNACIONAIS

Convenção Internacional sobre o Arresto de Navios, 1999; Genebra, 12 de março de 1999

Convenção Internacional de Assistência, 1989; Londres, 28 de abril de 1989.

QUADRO DE CASOS

1. Arnolis Silva v. Tambiah, [1961] 63 New Law Reports 228

2. Lister & Co. v. Stubbs, [1890] 45 Ch. D 1

3. M.A. Razak & Co Ltd vs. Lanka Walltiles Ltd, [2000] 1 Sri Lanka Law Reports,1

4. Mahanado v. Ibrahim, [1895] 2 New Law Reports 36

5. Mareva Compania Naviera S.A. contra International Bulk Carriers Ltd, [1975] 2 Lloyds Reports 509

6. M.V. Propontis contra o Conselho de Administração da Co-Operative Wholesale Establishment - Ação in Rem, 5/99, Tribunal Distrital de Colombo (ainda pendente)

7. Nippon Yusen Kaisha v Karageorgis [1975] 1 WLR 1093", [1975] 3 All ER 282

8. Saleh Bavazir Vs. Acting Master, M.V. Ayesha, [1986] 1 Sri Lanka Law Reports, 319.

9. THE SANSONE, [1890] 18 Supreme Court Circular, 69.

10. THE CHOKO STAR - [1990] l Lloyds Law Rep, 516

11. 1 l. Usman v. Rahim [1930] 32 New Law Reports, 259

12. Write vs. People's Bank [1985] 2 Sri Lanka Law Reports, 292

BIBLIOGRAFIA

1. Baughen, Simon, 2ª edição, Cavendish Publishing Ltd, Londres, 2001.

2. Berlingieri on Arrest of Ship, $2^{(nd})$ Ed, Lloyds Law Publications, 1994.

3. Brice, Geoffrey; Maritime Law of Salvage, $2^{(nd})$ Ed, Sweet and Maxwell, 1993.

4. Churchill, R.R. e A.V. Lowe; The Law of the Sea, 3rd Ed, Manchester University Press, Grã-Bretanha, 1999.

5. Dharmasena. K; The Port of Colombo 1860-1939, Ministério do Ensino Superior, Sri Lanka, 1975.

6. Dharmasena. K; O Porto de Colombo 1940-1995. Vol II, Japan Overseas Ports Construction Association, Tóquio, Japão, 1998.

7. Gerald Darling QC e Christopher Smith, LOF 90 and the New Salvage Convention, Lloyds of London Press Ltd, 1991.

8. Hill, Christopher; Maritime Law, $5^{(th})$ edition, LLP. Londres, 1998.

9. Hulugalle, H.A.G ; Ceylon of the Early Traveller, Arjuna Hulugalle Dictionaries, 5th Ed, Colombo, Sri Lanka. 2000.

10. Tetley, William; Maritime Liens and Claims, $2^{(nd})$ Ed, International Shipping Publications, Montreal, Canadá, 1998.

11. Wiswall, F.L. Jr.; The Development of Admiralty Jurisdiction and Practice since 1800, Cambridge University Press, 1970.

12. Weeramanthri, C.G; Law of Contracts - Being a treatise on the Law of Contracts as prevailing in Ceylon and involving a comparative study of Roman Dutch Law, English and Customary Laws relating to Contracts, Vol. 1 page 23, H.W. Caves & Co. Press, Colombo 1967.

Capítulo I

Introdução

"O julgamento deve ter em conta dia anterior, para que o ontem não paralise o hoje".

Felix Frankfurter (1882-1965)[1]

Sir Emerson Tennent afirmou no seu conhecido livro sobre o Ceilão (em 1972, o Ceilão foi rebaptizado na primeira constituição republicana como República Socialista Democrática do Sri Lanka), publicado em 1859;[2]

Não há nenhuma ilha no mundo, com exceção da Grã-Bretanha, que tenha atraído a atenção de escritores em épocas tão distantes e em tantos países diferentes como o Ceilão. Não há nação, nos tempos antigos ou modernos, que possua uma língua e uma literatura cujos escritores não tenham feito dela o seu tema numa altura ou noutra. O seu aspeto, a sua religião, as suas antiguidades e as suas produções foram descritos tanto pelos gregos clássicos como pelos do Império Tardio, pelos romanos, pelos escritores da China, da Birmânia, da Índia e de Caxemira, pelos geógrafos da Arábia e da Pérsia, pelos viajantes medievais de Itália e de França, pelos analistas de Portugal e de Espanha, pelos mercadores-aventureiros da Holanda e pelos viajantes e topógrafos da Grã-Bretanha.

Sir Emerson Tennent e outros admiradores desta magnífica ilha, também conhecida como a "Pérola do Oceano Índico", podem ter sido atraídos por todas

[1] Juiz associado dos Estados Unidos da América

[2] Hulugalle, H.A.G ; Ceylon of the Early Travellers, Preface, Arjuna Hulugalle Dictionaries, 5th Ed, Colombo, Sri Lanka, 2000.

as razões mencionadas no seu livro. O interesse dos britânicos e dos anteriores governantes coloniais do Ceilão, os portugueses e os holandeses, não se baseou nestas considerações, mas sim no seu desejo de conquistar o poder marítimo da região, nomeadamente no Sul da Ásia. O Ceilão é constituído por vários portos naturais e artificiais. Para além disso, o antigo

As potências marítimas estavam mais interessadas na posição estratégica vital da ilha no Oceano Índico.

Em 1794, a França, que tinha decapitado o rei do Ceilão no ano anterior, entrou em guerra com a Holanda. Nessa altura, o Ceilão estava efetivamente sob o domínio holandês (com exceção do Reino de Kandyan), que criou um sistema administrativo e judicial, algumas das quais ainda estão em vigor. O soberano holandês, o príncipe Guilherme de Orange, refugiou-se em Inglaterra. O governo britânico, tirando partido da situação, conseguiu que o Príncipe de Orange desse instruções aos governadores das colónias holandesas para que autorizassem a entrada de navios britânicos nos seus portos e o desembarque de tropas britânicas, "a fim de evitar que a colónia caísse nas mãos dos franceses". O então Primeiro-Ministro britânico, Sr. Pitt, disse o seguinte no Parlamento sobre o porto de Trincomalee, um dos maiores portos naturais da ilha

> *.... deu-nos a posse colonial mais valiosa do mundo, proporcionando ao nosso Império Indiano uma segurança de que nunca tinha desfrutado desde a sua criação.*[3]

Acrescentou ainda que Trincomalee era a baía mais bela e vantajosa de toda a região, cuja importância era pouco conhecida.[4] Assim, em 1798, os britânicos fizeram de Trincomalee uma colónia da Coroa para toda a ilha, com exceção do

[3] Ibid, p. 156.
[4] Ibid, p. 156.

Reino de Kandy. Em 1803, o Reino de Kandy foi também ocupado pelos britânicos e toda a ilha ficou sob o seu controlo. Foi sob o controlo dos britânicos que o porto de Colombo adquiriu a sua primazia e se tornou o porto do Sul da Ásia. O primeiro grande programa de desenvolvimento portuário, que durou trinta e sete anos (1875-1912), transformou Colombo num dos maiores portos artificiais do mundo. Na altura, cobria uma área de quase uma milha quadrada.[5] Os britânicos necessitavam urgentemente de um sistema jurídico abrangente, que tratasse especificamente de questões marítimas, incluindo litígios do almirantado, uma vez que Colombo, Galle e Trincomalee se tornaram rapidamente portos de escala. No seu livro "The Port of Colombo 1860- 1939", o Professor Dharmasena resume a importância estratégica do porto da seguinte forma

... enquanto a navegação à vela se mantivesse dominante, a capacidade do Ceilão para atrair navios ou outras actividades para além do manuseamento das suas próprias importações e exportações era obviamente determinada pela sua posição na rede de raízes da navegação à vela, rede essa que, por sua vez, era moldada principalmente pelo sistema de ventos do Oceano Índico.[6][7]

De acordo com o Professor Dharmasena, a posição privilegiada do país no Oceano Índico pode também ser explicada pelo facto de o estreito entre a Índia e o Ceilão ser demasiado raso para ser utilizado por um navio de dimensões consideráveis. Os navios que desejavam contornar a Índia tinham de passar pelo Ceilão.

Uma das principais dificuldades enfrentadas pelos britânicos foi a ausência de

---

[5] Dharmasena, K; The Port of Colombo 1940-1995, Vol-11 pl, Japan Overseas Ports Construction Association, Tóquio, Japão, 1998.

[6] Dharmasena, K ; O Porto de Colombo 1860-1939, p 16, Ministério do Ensino Superior, Sri Lanka, 1975

[7] Ibid, p. 7

um direito marítimo e de outras leis comerciais necessárias para apoiar o direito marítimo. Os neerlandeses nunca se interessaram pelo desenvolvimento do direito marítimo, embora tenham estabelecido um sistema de direito civil e um sistema judicial abrangentes no país.

O Rei do Reino Unido da Grã-Bretanha e da Irlanda, o Rei Jorge III, através de três cartas e cartas-patente emitidas em 1801, 1810 e 1811, introduziu várias alterações no sistema judicial, criando Tribunais Provinciais, Tribunais de Magistrados, o Tribunal do Comissário Judiciário e os Tribunais de Receita. No entanto, o rei Guilherme IV, sucessor do rei Jorge III, reconheceu a necessidade de criar um tribunal para aplicar o direito do almirantado através de comissões emitidas pelo Lord High Admiral de Inglaterra, tendo este procedimento sido introduzido pela Carta de 1833. O artigo 4.º da Carta previa a introdução do direito do almirantado através destas comissões. O artigo 28º da Carta preservava os direitos dos tribunais do vice-almirantado a estabelecer no Ceilão. O Parlamento inglês aprovou então o Vice-Admiralty Court Act 1863. As regras processuais contidas na secção 14 desta lei foram tornadas aplicáveis ao Ceilão com efeitos a partir de 1 de janeiro de 1884.

Para além de estabelecer as regras processuais para a jurisdição do Almirantado, o Governo britânico tomou uma série de medidas para introduzir legislação substantiva relativa ao Almirantado e ao comércio. Em 1852, os britânicos aprovaram uma lei intitulada "Introduction of Law of England (Civil) Ordinance No. 5 of 1852, by which the substantive law of England was established in Ceylon in respect of all contracts or matters relating to ships and their property, and their owners, the conduct of masters and seamen, and their respective rights, deveres e responsabilidades, transporte de passageiros e mercadorias por navios, paragem in transitu, frete, sobrestadia, seguro, salvamento, danos, colisão entre navios, conhecimentos de embarque e, em geral, todas as questões marítimas.

O efeito destas leis e do capítulo de 1833 será tratado mais detalhadamente no próximo capítulo deste livro. O primeiro caso relatado pelo Tribunal do Vice-Almirantado do Ceilão foi o SANSONE, em 1890. O então Presidente do Supremo Tribunal de Justiça, Sir B. L. Burnside, desempenhou as funções de juiz do Tribunal do Vice-Almirantado do Ceilão, uma vez que a jurisdição do almirantado estava então atribuída ao Supremo Tribunal do Ceilão.[8]

Surpreendentemente, algumas destas leis antigas, introduzidas pelos governantes coloniais britânicos há quase cento e cinquenta anos, ainda estão em vigor. A existência e aplicação destas leis não é certamente o resultado de omissão ou negligência, mas de actos deliberados dos legisladores posteriores do país através das actuais Constituições, bem como da primeira Constituição Republicana de 1972.

Consequentemente, o Sri Lanca continua a aplicar o direito inglês em muitas questões marítimas e comerciais. Infelizmente, na maior parte das vezes, o legislador do Sri Lanka tem pouca influência na escolha destas "leis importadas", que continuam a aplicar-se quase automaticamente a partir do momento em que são promulgadas pelo Parlamento britânico. Esta situação é vista por alguns como um atentado à soberania e à independência política do país. O objetivo deste trabalho é avaliar as ramificações da continuação da aplicação do direito inglês (common law e statutory law) e tentar propor uma solução viável.

[8] Circular do Supremo Tribunal, Vo IX, p 69

Capítulo II

Evolução histórica do direito do mar

Reino Unido

O Sri Lanka (então Ceilão) foi uma colónia britânica durante quase cento e cinquenta anos e os britânicos foram responsáveis pelo desenvolvimento de muitas das suas leis comerciais e marítimas. A introdução do direito marítimo no Ceilão pode estar ligada a desenvolvimentos paralelos nesta área do direito em Inglaterra. A fim de apreciar as questões relacionadas com o direito do almirantado do Sri Lanca, nomeadamente no que se refere à aplicação do direito inglês, é necessário ter em conta a evolução recente do direito do almirantado em Inglaterra.

A Grã-Bretanha é um país de direito consuetudinário com uma grande tradição. Embora o direito do almirantado tenha sofrido muitas alterações revolucionárias na Grã-Bretanha do século XIX, as suas origens remontam ao século XI. O Código de Amalfitano dos países mediterrânicos do século XI, o Consolato del Mare de França, Espanha e Itália do século XIV, os Rolls of Oleron de Inglaterra do século XII e a Lei de Visby do século XIII basearam-se nos costumes dos marítimos e dos comerciantes para criar o direito substantivo único do almirantado que existe atualmente.[10]

Existem diferentes pontos de vista sobre a formação desta palavra única, "Almirantado". Diz-se que a palavra evoluiu de "aen mere al", que significa

[10] Enciclopédia de Direito Americano de West - http://www.wld.com/conbus/weal/weald.htm

"todo o mar". Outra opinião é que provém do árabe "Ameer al barh", que significa o capitão.

[11]No entanto, a opinião predominante em Inglaterra é que a nomeação do almirante pelo rei para governar as suas frotas durante as Cruzadas e para tratar das questões de disciplina da tripulação deu origem à expressão "lei do almirantado". A autoridade concedida pelo rei para governar as suas frotas foi posteriormente alargada aos navios mercantes em 1202, uma vez que a monarquia inglesa tinha interesse em cobrar impostos diretamente aos navios estrangeiros sem a intervenção do Parlamento.

Em 1274, um decreto de Eduardo I declarou que :

Qualquer contrato celebrado entre um comerciante e outro comerciante ou entre um comerciante e um marinheiro fora do mar ou dentro dos limites do alagamento será julgado pelo almirante e em mais nenhum lugar, de acordo com a ordem do rei Eduardo e dos seus senhores.

[12]A popularidade do Tribunal do Almirantado nos primeiros tempos deveu-se, em grande parte, à incapacidade dos tribunais ordinários para indemnizar os comerciantes estrangeiros que tinham sofrido perdas devido à pirataria. A popularidade do Tribunal do Almirantado e as avultadas receitas que obtinha com os litígios que julgava (nomeadamente os casos de naufrágios e prémios) deram origem a sérios conflitos com os tribunais de direito comum, que eram também uma criação do Rei. Os tribunais comuns rapidamente entraram em

---

[11] Wiswall, F.L.Jr.; The Development of Admiralty Jurisdiction and Practice since 1800, página 4, Cambridge University Press, 1970.
"Tetley, William; Maritime Liens and Claims. página 30, 2(nd) Ed, International Shipping Publications, Montreal, Canadá, 1998.

conflito com os poderes exercidos pelo Tribunal do Almirantado. O registo do primeiro

Em 1296, na sequência de uma querela entre os tribunais de direito comum e os tribunais do almirantado, foi negada a autoridade do almirante ( ) para decidir os litígios de apreensão.

[13]A luta interna entre os comuns e os civis prolongou-se por vários séculos e culminou na limitação dos poderes do Tribunal do Almirantado. [14]A intensidade desta batalha foi bem demonstrada pelo acórdão vingativo de Hobert C.J. no processo *Bridgeman*, em que este decidiu que os contratos celebrados no mar devem ser objeto de uma ação judicial de direito comum se as dívidas assim criadas tiverem de ser pagas em terra.

Esta situação manteve-se até 1632, altura em que o Procurador-Geral Noy interveio e restaurou alguns dos poderes do Tribunal do Almirantado. No entanto, os juízes de direito comum optaram por ignorar a jurisdição do almirantado e continuaram a estabelecer os limites do direito do almirantado. Os poderes e as funções do Tribunal do Almirantado estavam em declínio até à nomeação de Lord Stowell (1798-1827) como juiz do Tribunal do Almirantado. Lord Stowell foi muito ajudado pela respeitada obra de 1802 do Professor Arthur Browne sobre o direito do almirantado. A missão de Stowell de ressuscitar os poderes do Tribunal do Almirantado foi mais tarde continuada, embora a um ritmo mais rápido, por um grande civil, o Dr. Stephen Lushington, que foi juiz do Tribunal Superior do Almirantado entre 1838 e 1867. O desenvolvimento mais importante deste período foi a Lei do Tribunal do Almirantado de 1840, que aboliu muitas das restrições impostas pela legislação anterior aos poderes do

[13] Os advogados comuns e os advogados do Tribunal do Almirantado são também conhecidos por "commons" e "civilians".

[14] Wiswall, F.L. Jr.; supra, página 6.

Tribunal do Almirantado.

Os solicitadores comuns foram autorizados a exercer a sua atividade no Tribunal do Almirantado em 1985, um ano após a dissolução do Doctors' Commons, e a partir dessa altura o Tribunal do Almirantado começou a adquirir algumas das caraterísticas da common law. No entanto, Lushington e o seu sucessor, Sir Robert Phillmore, asseguraram a manutenção do carácter civil do Tribunal do Almirantado.[15]

O período que teve início em 1873 foi importante porque alguma legislação colonial sobre a prática do almirantado, como no Ceilão, foi desenvolvida em paralelo com os desenvolvimentos em Inglaterra. [16]Em 1873, o Tribunal do Almirantado em Inglaterra, que tinha estado isolado durante todo este período, foi reunido com as Divisões de Sucessões e Divórcios e tornou-se a Quinta Divisão do Supremo Tribunal de Justiça ao abrigo da Lei do Supremo Tribunal de Justiça de 1875. A Comissão Real nomeada para fazer recomendações para a melhoria do sistema judicial no tempo de Sir Robert Phillimore decidiu recomendar a consolidação das Admiralty, Divorce e Probate Divisions, principalmente por três razões. Foi observado que seria benéfico consolidar todos os tribunais de direito civil. A lei de 1873 proibia igualmente qualquer recurso do Supremo Tribunal de Justiça para o Privy Council ou para a House of Lords. O Supremo Tribunal de Justiça era composto pelo High Court of Chancery, o Court of Queen's Bench, o Court of Common Pleas at Westminster, o Exchequer Court, o High Court of Admiralty, o Probate Court e o Divorce and Maintenance Court. No entanto, foi-lhes atribuída a mesma competência e cada juiz do High Court tem a mesma jurisdição. Esta reestruturação facilitou a transferência de processos de uma divisão para outra e também impediu que um

[15] Wiswall, F. L. Jr.; supra, página 35.

[16] Humoristicamente chamados de Wills, Wives and Wrecks. (F.L. Wiswall Jr. supra . página 102.)

juiz emitisse uma interdição contra um dos seus colegas. Assim, esta evolução pôs termo ao conflito de longa data entre os tribunais de direito comum e a competência do Tribunal do Almirantado.[17]

Um dos actos legislativos mais importantes deste período foi a Merchant Shipping Act 1894, que consolida e reescreve toda a legislação anterior sobre a matéria, incluindo a maior parte da Admiralty Court Act 1861. Toda a estrutura da administração judicial ( ) foi novamente reorganizada em 1925, através de um único ato de consolidação, nomeadamente a Lei do Supremo Tribunal de Justiça (Consolidação) de 1925. Nos termos desta lei, foram atribuídos à Admiralty Division todos os processos relativos ao almirantado e aos prémios, incluindo todas as outras jurisdições que detinha anteriormente. Duas outras leis introduzidas na década de 1940 impuseram uma limitação da responsabilidade e imunidade de ação in rem aos navios da Coroa. A Lei da Aviação Civil de 1949 permitiu que os tribunais apreciassem os pedidos de indemnização apresentados por aeronaves para salvamento de vidas humanas ou de outras aeronaves, bem como de navios.

O avanço mais importante na jurisdição do Tribunal do Almirantado foi feito pela Lei da Administração da Justiça de 1956. Esta lei confirmou ao Tribunal qualquer competência detida pelo Tribunal Superior do Almirantado antes da Lei da Judicatura ou posteriormente atribuída ao Tribunal Superior de Justiça, juntamente com uma enumeração específica de questões ou pedidos admissíveis ao abrigo da própria lei. No entanto, uma série de disposições novas ou recentemente formuladas permitem a apresentação de pedidos de indemnização por danos pessoais ou morte por negligência causados por falta de condições de navegabilidade ou negligência em operações no navio ou a partir dele, e por e

[17] Wiswall, F.L. Jr.; supra, páginas 102 a 105.

contra aeronaves em operações de salvamento, reboque e pilotagem.[18] Os outros títulos de crédito incluídos na lei de 1956, tais como as necessidades fornecidas para a exploração ou manutenção, construção, reparação ou equipamento do navio, ou o cais, já existiam na lei de 1861 relativa aos tribunais do Almirantado. Além disso, a Lei de Administração da Justiça de 1956 alargou a jurisdição a todos os navios e aeronaves, quer sejam britânicos ou não, registados ou não, e quer o proprietário resida ou não em Inglaterra e no País de Gales.

A Probate Divorce and Admiralty Division do High Court of Justice foi abolida pela Judicature Act 1970 e foi novamente criado um Admiralty Court separado em . O Admiralty Court faz agora parte da Queen's Bench Division do High Court e a Supreme Court Act 1981 consolidou todos os poderes dos Admiralty Courts ao abrigo da secção 20.

É importante compreender a evolução da jurisdição inglesa em matéria de almirantado, a fim de apreciar os desenvolvimentos paralelos no Ceilão do século XIX e o efeito do direito inglês no direito do Sri Lanka.

Sri Lanka (Ceilão)

O Sri Lanka era mais popularmente conhecido pelo mundo como Ceilão e foi oficialmente chamado por esse nome até 1972, quando o país quebrou toda a lealdade política ao seu antigo governante imperial, a Grã-Bretanha, e declarou uma República. É importante ter em conta que, embora a lealdade política tenha sido quebrada, as tradições jurídicas herdadas foram mantidas de forma ainda mais fiel. O Ceilão era conhecido dos viajantes e comerciantes de todo o mundo desde cerca de 300 a.C.. O país, que ainda hoje é chamado "Pérola do Oceano Índico", era conhecido por muitos outros nomes, como Taprobane, Sihalam,

[18] Ibid, p. 149

Serendib e Zeilan.

A primeira referência ao embarque num navio na história do Ceilão remonta a 45 d.C., nas obras do grande historiador romano Plínio. [19]Este dedica um capítulo aos quatro enviados do Ceilão a Roma durante o reinado do imperador Cláudio. Plínio conta como um navio romano encarregado de cobrar receitas no Mar Vermelho foi surpreendido pela monção e levado pelos ventos até ao Ceilão. O navio foi apreendido pelos funcionários do rei, mas o capitão, um servo de Annius Plocamus, foi bem tratado e, depois de conhecer Roma e o imperador Cláudio ( ), o rei enviou quatro embaixadores a Roma com o objetivo de estabelecer relações mais estreitas entre o Ceilão e o Império Romano.

PERÍODO PORTUGUÊS

No final do século XV, Portugal, que já tinha estabelecido o seu domínio como potência marítima no Atlântico, estava a explorar novas águas. Em 1497, Vasco da Gama contornou o Cabo da Boa Esperança e descobriu a rota marítima que ligava a Europa à Índia. Em 1505, D. Lourenço de Almeida, filho do vice-rei português na Índia, navegou ao largo da costa indiana e foi forçado por uma tempestade a atracar em Galle, um porto a sul do Ceilão. O rei Parakramabahu VIII de Kotte (1484-1505), que tratou bem os portugueses e lhes ofereceu presentes, autorizou-os mais tarde a construir uma residência em Colombo para fins comerciais. Os portugueses rapidamente se interessaram pela ilha, não só pela abundância de especiarias, marfim e pérolas, mas também pela sua posição estratégica, que lhes permitia dominar o Oceano Índico. A pouco e pouco, estenderam o seu poder às zonas costeiras da ilha e começaram também a difundir o catolicismo romano. Os portugueses estenderam gradualmente o seu

[19] Hulugalle, H.A.J ; Ceylon of the Early Travellers, página 1, Arjuna Hulugalle Dictionaries, 5th Edn , 2000. - É feita referência à História Natural de Plínio, Livro VI. Capítulo 24, tradução de Philaman, Holanda.

poder a todos os portos do país.

O PERÍODO NEERLANDÊS

Os holandeses conquistaram o Oceano Índico no século XVII e estabeleceram a sua sede em Batávia (atual Indonésia). [20]Em 1638, os holandeses, com a ajuda do rei Rajasighe II de Kandy(18), lutaram contra os portugueses pelo monopólio dos principais produtos comerciais da ilha. Os portugueses, que resistiram ferozmente aos

Os holandeses foram gradualmente expulsos do país. Os holandeses recuperaram os portos orientais de Trincomalee e Batticaloa, mas quando os portos ocidentais e sudoeste de Galle e Negambo caíram em 1640, recusaram-se a cedê-los ao rei de Kandy. Em 1656, os holandeses tomaram o controlo dos portos de Colombo e Jaffna e consolidaram o seu poder nas regiões costeiras do país. Ao contrário dos portugueses, os holandeses estavam interessados não só no comércio, mas também na governação. Assim, criaram um sistema judicial e administrativo completo na ilha. Nesta altura, existiam pelo menos dez portos bem estabelecidos no país e a navegação continuou a ser a principal preocupação da Companhia Holandesa das Índias Orientais.

PERÍODO BRITÂNICO

Em 1795, na sequência da ocupação dos Países Baixos pela França, o governo britânico enviou uma força expedicionária contra o Ceilão. O Príncipe de Orange tinha dado instruções, a partir de Kew, às colónias holandesas para que

[20] Capital da região montanhosa do Ceilão. O reino de Kandyan permaneceu independente das potências coloniais até 1815.

permitissem a entrada de tropas e navios de guerra britânicos, a fim de evitar que caíssem nas mãos dos franceses. Em 1798, os britânicos fizeram de toda a ilha, com exceção do Reino de Kandy, uma colónia da Coroa. Nos termos do "Tratado de Amiens" de 1802, que pôs fim à segunda fase das guerras napoleónicas, o país foi oficialmente cedido à Grã-Bretanha. O Reino de Kandy foi também ocupado em 1803 e anexado à Colónia da Coroa em 1815.

A principal preocupação dos britânicos era o comércio, para o qual o único meio de transporte era o mar. Assim, os britânicos sentiram gradualmente a necessidade imediata de introduzir o Admiralty Act e outras leis inglesas relativas a questões marítimas. A primeira tentativa foi a Carta de Justiça de 1833, a que se seguiram numerosos outros estatutos, alguns dos quais ainda existem, mesmo passados cento e cinquenta anos. Estes estatutos exigem uma análise mais elaborada devido ao seu efeito nas leis actuais do Sri Lanca e serão, por conseguinte, analisados no próximo capítulo.

Capítulo III

Jurisdição do almirantado no Sri Lanka

A Carta de Justiça - 1833

A necessidade de aplicar o direito do almirantado no Ceilão através de instituições locais foi reconhecida pela primeira vez na Carta de 1833. Esta Carta foi adoptada na sequência de uma recomendação contida no Relatório Colebrook-Cameron. A Carta procurava estabelecer uma nova estrutura judicial composta por um Supremo Tribunal e tribunais distritais no Ceilão. No entanto, não previa a criação de um Tribunal do Almirantado. O preâmbulo da Carta de 1833 tem a seguinte redação

Guilherme, o Forte, pela Graça de Deus do Reino Unido da Grã-Bretanha e Irlanda, Rei, Defensor da Fé, a todos a quem estes presentes possam chegar, saudações.

O principal objetivo da Carta de 1833 consistia em reconhecer a anexação da província de Kandyan ao reino de Sua Majestade e a necessidade de introduzir um sistema judicial uniforme, composto por um Supremo Tribunal, que tinha competência para se reunir em diferentes circuitos, e um Tribunal de Comarca, distribuído pelos diferentes distritos e províncias da ilha. A introdução do novo sistema judicial exigiu a revogação e a anulação das Cartas Patentes emitidas antes de 1833 pelo Rei Jorge III.

A segunda caraterística mais importante da Carta é o artigo 4.º, que prevê a introdução do direito do almirantado através de comissões emitidas pelo Lorde Alto Almirante de Inglaterra ou pelos comissários encarregados da execução do seu cargo no momento. O artigo 4º tem a seguinte redação

[Ordenamos que toda a administração da justiça, civil e criminal, seja confiada exclusivamente aos tribunais criados e constituídos na nossa Carta e a outros tribunais que possam ser mantidos na referida ilha em virtude de qualquer comissão emitida ou a ser emitida em conformidade com os estatutos neste caso feitos e previstos para o julgamento de infracções cometidas nos mares ou dentro da jurisdição do nosso Alto Almirante ou pelos comissários encarregados da execução do seu cargo no momento;....

O artigo 28º da Carta preservava o direito dos Tribunais do Vice-Almirantado de se estabelecerem no Ceilão. [21]O Parlamento inglês aprovou então a Lei do Vice-Almirantado de 1863 para facilitar a nomeação de Vice-Almirantes e Oficiais nos Tribunais do Vice-Almirantado nas possessões de Sua Majestade no estrangeiro e para alargar a jurisdição. Nesta lei, a lista A - Lista dos tribunais do vice-almirantado existentes aos quais se aplica a presente lei inclui o Ceilão. Nessa altura, não existia um Tribunal do Almirantado no Ceilão; a jurisdição do Supremo Tribunal em matéria de almirantado era exercida com base em comissões emitidas pelas autoridades do almirantado em Inglaterra.

A secção 14 desta lei previa o estabelecimento de regras relativas à prática a observar no Tribunal do Vice-Almirantado das possessões britânicas.
[22]No entanto, as regras só foram estabelecidas por uma Ordem em Conselho datada de 32 de agosto de 1883, que entrou em vigor no Ceilão em 1 de janeiro

[21] A lei de 1863 foi alterada pela lei de 1867 relativa aos tribunais do vice-almirantado (alteração).
[22] Per Senevittne J. (Presidente, Tribunal de Recurso) Saleh Bavazir v. Acting Master, M.V. Ayesha, Sri Lanka Law Reports [1986] 1 página 319.

de 1884. O ato legislativo seguinte que se aplicou diretamente ao Ceilão foi o Colonial Courts Admiralty Act 1890. Esta lei previa, pela primeira vez, a criação de tribunais coloniais do almirantado nas colónias. Foi, de facto, a primeira introdução da lei inglesa sobre o almirantado no Ceilão e esta lei prevaleceu até à entrada em vigor da Lei da Administração da Justiça de 1956 e da Lei do Supremo Tribunal de 1956.

Portaria sobre os tribunais do almirantado do Ceilão (1891)

Após o Colonial Courts Admiralty Act de 1890 (Inglaterra), a primeira lei promulgada no Ceilão relativa ao direito do almirantado foi o Ceylon Courts of Admiralty Ordinance de 189122. Este diploma foi o marco da legislação local sobre o direito do almirantado no Ceilão.

[23]O n.º 1 da secção 22 do referido decreto previa que "os juízes do Supremo Tribunal podem estabelecer regras de processo e de prática para o Tribunal do Almirantado Colonial e o Tribunal de Comarca no exercício da sua jurisdição". O artigo 23º do referido diploma prevê que as regras da Lei dos Tribunais do Vice-Almirantado se apliquem ao Tribunal do Almirantado Colonial e ao Tribunal de Comarca até que sejam adoptadas regras ao abrigo desse diploma. É interessante notar que o

O Supremo Tribunal não adoptou as regras permitidas pela secção 22(1), pelo que as regras estabelecidas ao abrigo da Lei do Vice-Almirantado de 1883 (Inglaterra) continuaram em vigor até à introdução da Lei da Judicatura n.º 2 de 1978.

[23] Até 1948, a legislação do Parlamento do Ceilão era designada por "Ordinances". De 1948 a 1972 e de 1979 até à atualidade, são designadas por "Actos". No entanto, durante o período de 1973 a 1978, a legislação era designada por "Leis".

Introdução da Lei de Inglaterra (Direito Civil) Ordem de 1852 (n.º 5)

No início do domínio britânico, a existência da lei Kandyan, que era aplicada em toda a parte central da ilha, complicou as coisas. [24]O reino de Kandyan era poderoso e tinha aplicado durante vários séculos um sistema jurídico bem desenvolvido aos habitantes do reino. Os britânicos pretendiam limitar a aplicação do direito kandyan ao direito pessoal e familiar. Os britânicos pretendiam limitar a aplicação do direito de Kandyan ao direito pessoal, com exclusão de todas as outras questões comerciais.

[2526]A segunda questão era mais difícil porque o direito romano neerlandês (que continua a ser o direito comum do Sri Lanka) se aplicava a todas as matérias, exceto àquelas a que se aplicava o direito Kandyan e Thesawalamai.[23] A continuação dos sistemas jurídicos que existiam no Ceilão na altura da rendição britânica das Províncias Marítimas baseava-se num princípio estabelecido do direito e da política ingleses reconhecido na altura, nomeadamente que as colónias adquiridas por cessão ou por
Os países conquistados conservavam o seu direito antigo, desde que este não fosse modificado pelo novo poder instituído. Esta política foi mais tarde confirmada pela Proclamação de 23 de setembro de 1799.25

A Secção 20 do Decreto de Direito Romano neerlandês (Capítulo 12)26 , que teve origem na proclamação do Governador Fredrick North de 23 de setembro

[24] Ato legislativo do Ceilão, Vol - 1, Capítulo 9 (entrado em vigor em 2(nd) de março de 1892)

[25] A administração neerlandesa aplicava a lei muçulmana a todos os muçulmanos, independentemente do local onde viviam. A lei de Kandyan aplicava-se a toda a província de Kandyan, que nunca esteve sujeita à administração neerlandesa. O Thesawalamai, uma lei territorial, aplicava-se apenas aos Tamil que viviam na península do norte da ilha chamada Jaffna. Estas leis pessoais continuam a aplicar-se às respectivas comunidades, ainda hoje, no que diz respeito a leis pessoais como a propriedade, as questões matrimoniais e a herança. O direito romano neerlandês continua a ser o direito comum do país e é aplicado juntamente com o direito inglês, que se aplica à maioria das questões comerciais.

[26] Weeramanthri, C.G; Law of Contracts - Being a treatise on the Law of Contracts as prevailing in Ceylon and involving a comparative study of Roman Dutch Law, English and Customary Laws relating to Contracts, Vol. 1 page 23, H.W. Caves & Co. Press, Colombo 1967.

de 1799, tem a seguinte redação

[A administração da Justiça e da Polícia na Ilha será doravante e a bel-prazer de Sua Majestade exercida por todos os Tribunais de Justiça, Magistrados Civis e Criminais e Oficiais de Justiça, de acordo com as Leis e Instituições que subsistiam sob o antigo Governo das Províncias Unidas, sujeito às Variações e Modificações que possam ser efectuadas pelos respectivos Poderes e Autoridades supracitados, e a outras Variações e Modificações que nós, por esta ou qualquer outra Proclamação futura, e em virtude dos Poderes que nos são conferidos, consideremos adequadas e benéficas para os fins da Justiça, para ordenar e publicar, e que serão ou poderão ser posteriormente ordenadas e publicadas legalmente.

O direito romano neerlandês introduzido por este diploma não era absoluto, mas sujeito ao poder expressamente conferido aos tribunais de se afastarem do direito comum. No entanto, o direito inglês não passou a fazer parte do sistema jurídico do Ceilão por adoção tácita pelos tribunais, mas exigiu autoridade legislativa.

O diploma relativo à introdução do direito inglês (direito civil) foi elaborado para resolver o problema da ampla aplicabilidade do direito kandiano e do direito romano neerlandês. O artigo 2.º deste diploma introduz a lei inglesa em todos os contratos ou questões relacionados com navios e os seus bens, bem como com a conduta dos proprietários desses navios, os respectivos direitos, deveres e responsabilidades relacionados com o transporte de passageiros e mercadorias por navios, a paragem in transitu, o frete, a sobrestadia, o seguro, os salvados, os danos, as colisões entre navios, os conhecimentos de embarque e, em geral, todas as questões marítimas. A disposição mais importante desta secção é a extensão da aplicabilidade da lei inglesa, que é a lei "aplicada em Inglaterra num caso semelhante, no período correspondente, se o contrato tivesse sido celebrado ou o ato que deu origem à questão tivesse sido praticado em Inglaterra", a menos que seja prevista uma disposição especial por lei no Ceilão. O diploma prevê igualmente que a lei inglesa se aplica às sociedades de pessoas, às sociedades de responsabilidade limitada, aos bancos, aos comitentes e agentes, aos transportadores terrestres e aos seguros de vida e de incêndio.[27] É importante notar que este diploma ainda está em vigor.

Legislação posterior relativa ao direito do mar

Nove anos após a Lei de Direito Civil de 1852, foi introduzida a Lei n.º 5 sobre Naufrágios, Acidentes Marítimos e Assistência, de 1861, que tratava de questões relacionadas com a assistência a pessoas e cargas em caso de naufrágio e acidentes marítimos. Dois anos mais tarde, em 1863, foi promulgada a Portaria sobre a Marinha Mercante.[28] Ambas se mantiveram em vigor na sua forma original até à promulgação da Lei da Marinha Mercante n.º 7 de 1953, que estabeleceu disposições especiais para os "naufrágios e salvamentos", com competência para tratar destas questões da seguinte forma

A lei de 1953 foi substituída pela lei da marinha mercante n.º 52 de 1971, que entrou em vigor em 1 de A lei de 1953 foi substituída pela lei da marinha mercante n.º 52 de 1971. Neste texto, foi consagrado um capítulo aos destroços e salvados. Note-se que as disposições destas duas leis são semelhantes às da lei inglesa sobre a marinha mercante (Merchant Shipping Act) de 1894.

Lei de 1983 relativa à jurisdição do almirantado

A atual jurisdição do Tribunal Superior do Sri Lanka em matéria de almirantado está estabelecida na Lei de Jurisdição do Almirantado de 1983. As disposições

[27] Artigo 3.º do diploma de direito civil.

[28] Despacho n.º 7 de 1863

da lei sobre a jurisdição do almirantado seguem de perto a lei do Supremo Tribunal inglês de 1981. Curiosamente, esta lei também tenta importar o direito almirantado inglês, tal como era aplicado em Inglaterra em casos semelhantes na mesma altura; a extensão da aplicabilidade será analisada mais adiante neste capítulo.

É importante ter em conta que o Admiralty Jurisdiction Act 1983 trata da competência do Tribunal do Almirantado e do processo judicial, enquanto o Civil Law Ordinance trata do direito substantivo aplicável.

A secção 2 da Lei da Jurisdição do Almirantado (que corresponde à secção 20 da Lei do Supremo Tribunal do Reino Unido de 1981) trata dos tipos de acções que podem ser intentadas no Supremo Tribunal da República do Sri Lanca. A secção 3 dessa lei [27] atribui especificamente competência in personam e in rem relativamente aos pedidos específicos referidos na secção anterior. O poder de apresar navios numa ação in rem está previsto na secção 7 da lei e um marechal e um marechal-adjunto são nomeados nos termos da secção 9 da lei. Regras relativas

As alterações processuais são efectuadas pelo Supremo Tribunal ao abrigo dos poderes conferidos pelo artigo 136.º da Constituição da República Socialista Democrática do Sri Lanca, em conformidade com a secção 11(3) da Lei relativa à jurisdição do almirantado [28]. [29]

Em caso de omissão, a secção 12 do Admiralty Jurisdiction Act prevê o recurso à lei inglesa aplicável em Inglaterra. A secção 12 tem o seguinte teor:
Sempre que, num processo ao abrigo da presente lei, ***surja*** *um* ***problema ou*** *uma* ***questão processual*** *para o qual não exista qualquer disposição ou que não*

[29] As regras atualmente em vigor foram publicadas no Jornal Oficial n.º 672/7 de 24 de julho de 1991.

tenha sido adequadamente previsto na presente lei ou em qualquer outra lei ou regra, o Tribunal fica habilitado a proferir decisões e instruções idênticas às que o Tribunal que exerce a jurisdição do Almirantado em Inglaterra estaria habilitado a proferir em circunstâncias análogas, ***desde que essas decisões e instruções não sejam contrárias ou incoerentes com qualquer disposição da presente lei ou de qualquer outra lei ou regra*** (sublinhado nosso).

Afigura-se que o legislador tomou precauções suficientes para limitar a aplicação desta disposição às questões processuais. No entanto, há que ter em conta que o Admiralty Jurisdiction Act trata apenas de questões processuais e que o direito substantivo relativo ao almirantado continua a constar do Civil Law Ordinance. Relativamente à Lei do Supremo Tribunal do Reino Unido de 1981, o n.º 2 do artigo 20.º faz referência ao direito substantivo em matéria de salvamento e poluição através de uma referência específica às disposições relevantes da Lei da Marinha Mercante.

a fim de evitar qualquer eventual conflito entre os princípios do direito comum e as alterações introduzidas pelas convenções relevantes incorporadas na lei.

O âmbito da aplicabilidade da lei inglesa

A introdução ao diploma de direito inglês (civil) trata do direito substantivo aplicável. [30]No processo *Writ vs. People's Bank,* o Tribunal de Recurso do Sri Lanka considerou que a linguagem utilizada no diploma de direito civil era suficientemente ampla para tornar aplicável não só o direito consuetudinário inglês, mas também o direito estatutário de Inglaterra.[31] Sarath Silva J, no processo acima referido, citou com aprovação as observações de Dalton J no

[30] [1985] 2 Sri Lanka Law Reports, 292 a 299.

[31] Este processo diz respeito à agência e ao penhor. No entanto, os artigos 2º e 3º do Código Civil estão redigidos da mesma forma

processo *Usman vs Rahim.*[32]

A Portaria n.º 5 de 1852 estipulava que, em matéria marítima, a lei aplicável no Ceilão seria a mesma que a aplicada na mesma altura. Todos estes casos mostram que a

O legislador previu expressamente a aplicação ao Ceilão da lei inglesa que poderia ser adoptada em Inglaterra após a adoção do texto local.

Dada a estreita relação do Sri Lanka com o direito inglês nos últimos dois séculos, não é surpreendente observar que os juízes dos tribunais do Sri Lanka tendem a aplicar o direito inglês sempre que possível, mesmo sem recorrer ao diploma de direito civil. Este aspeto da atitude judicial será abordado no próximo capítulo. O diploma de direito civil, que está em vigor há cento e cinquenta anos, só impede a aplicação do direito inglês se o legislador do Sri Lanka adotar uma disposição em contrário através de uma lei do Parlamento.

Houve casos em que a Civil Law Order foi aplicada como uma disposição de salvaguarda em situações de revogação de uma lei existente, até à entrada em vigor de uma nova lei. No processo *M.A. Razak & Co Ltd contra Lanka Walltiles Ltd*[(3)] · a questão era saber se existia uma lei sobre o direito do almirantado no Sri Lanka entre 1979 e 1983 [durante este período, a Lei sobre a Administração da Justiça de 1973 foi revogada em 1979 e não existia qualquer lei até à promulgação da Lei sobre a Jurisdição do Almirantado de 1983].[33][34] Nesse caso, o Supremo Tribunal considerou que, por lapso ou omissão, o legislador tinha criado uma lacuna no direito do almirantado, mas que, de qualquer modo, por força do artigo 2.º da Lei de Direito Civil, a lei inglesa relevante era aplicável no Sri Lanka durante esse período. Numa leitura simples

[32] [1930] 32 New Law Reports, 259.
[33] [2000] 1 Sri Lanka Law Reports, 1.
[34] A questão era mais processual e dizia respeito à competência do District Court para conhecer de um pedido relativo ao transporte de mercadorias.

do diploma de direito civil, não parece que este diploma trate de direito processual. No entanto, mostra que os juízes do Sri Lanka têm sido muito liberais na sua interpretação destas secções e estão sempre dispostos a recorrer à lei inglesa sempre que possível. Estas atitudes judiciais conduziram a graves anomalias a longo prazo e devem ser objeto de uma análise crítica.

Questões e problemas

A lei inglesa aplica-se no Sri Lanca, salvo disposição em contrário de uma lei em vigor.[35] A palavra "disposição" no artigo 2.º do diploma de direito civil sugere que, mesmo que exista uma lei que abranja um determinado assunto, se essa lei não contiver disposições específicas que abranjam o direito inglês, o direito inglês será aplicável no Sri Lanca, a menos que tenham sido adoptadas outras disposições por uma lei atualmente em vigor.
num determinado domínio, a lei inglesa continuará a ser aplicável. Esta questão está atualmente a ser debatida numa série de processos no Sri Lanka e ainda não foi tomada uma decisão final. No processo *M. V. Propontis contra Board of Diretors of Co-operative Wholesale Establishment*[6] , colocou-se a questão de saber se o comandante tinha o direito de vincular o proprietário da carga em caso de operação de salvamento. [36][37]Segundo o direito comum inglês, na ausência de autorização expressa, nem o proprietário do navio nem o comandante podem vincular os proprietários da carga, exceto em circunstâncias que criem uma relação de necessidade.

[38]O advogado do armador argumentou que o Capítulo VI do Merchant Shipping Act não previa tal eventualidade e que, por conseguinte, o tribunal deveria

[35] Artigo 2.º do diploma de direito civil.
[36] Recurso em Rem-5/99, revisão do Tribunal de Recurso n.º 1 109/99 (ainda pendente no Tribunal de Recurso).
[37] THE CHOKO STAR, [1990] 1 Lloyds Rep 516
[38] Lei n.º 52 de 1971

recorrer ao direito inglês. Foi pedido ao tribunal que aplicasse o Merchant Shipping (Amendment) Act 1994 do Reino Unido, através do qual a Convenção de 1989 sobre Salvamento foi incorporada na lei. O artigo 6.º da referida convenção autoriza o comandante a recorrer aos proprietários da carga sem autorização expressa ou independentemente do ato de necessidade.

Embora o caso esteja longe de ser finalizado, mostra a dimensão do problema. O Sri Lanka não ratificou a Convenção sobre Assistência de 1989. A ratificação de uma convenção internacional é uma decisão importante que deve ser tomada pelo poder executivo do Governo do Sri Lanka. A Constituição do Sri Lanka é suprema e baseia-se no princípio da separação de poderes. Ao contrário do que acontece no

No Reino Unido, a Constituição é suprema e separa os poderes do poder legislativo, do poder judicial e do poder executivo. Só o Chefe do Executivo, em consulta com o Gabinete de Ministros, tem o poder de decidir se deve ratificar uma convenção internacional.[39] Por conseguinte, seria desastroso admitir uma convenção internacional no sistema jurídico do país através do Civil Law Ordinance, sem o consentimento do executivo ou do legislativo.

Uma convenção pode não ser adoptada ou ratificada por um país por várias razões, e a decisão deve ser tomada com muito cuidado porque a ratificação cria obrigações internacionais. A questão não se limita à Convenção de Assistência de 1989. O fator mais importante é que a soberania do Estado é minada por um processo em que as leis promulgadas noutro país se infiltram pela porta das traseiras, mesmo sem o conhecimento de qualquer ramo do Estado.

Por outro lado, o Reino Unido é atualmente membro da União Europeia e é

[39] Constituição da República Socialista Democrática do Sri Lanka, artigo 33º (f).

possível que tenha promulgado várias leis relativas ao transporte marítimo e à navegação em resultado da sua adesão à UE. Não é necessário desenvolver as consequências negativas que o Sri Lanca enfrentaria a nível interno e internacional se estas leis fossem consideradas parte do sistema jurídico local.

Capítulo IV

Questões relacionadas

Arresto de navios

As disposições relativas à apreensão de navios no Sri Lanca estão contidas na Lei da Jurisdição do Almirantado.[40] A secção 7(1) desta lei estabelece o seguinte:

Quando uma ação in rem tiver sido intentada ao abrigo da presente lei e o juiz estiver convencido de que o navio ou os bens a que a ação diz respeito sairão da jurisdição do tribunal antes de o pedido do requerente ser satisfeito, o juiz tem poderes para emitir, em conformidade com as regras estabelecidas ao abrigo da presente lei, um mandado de captura e detenção do navio ou dos bens em questão.

No entanto, a detenção está sujeita à comparência do requerido ou de qualquer outra pessoa perante o tribunal e à constituição de uma garantia suficiente para o crédito em causa.

[41]O artigo 2.º da referida lei enumera os créditos legalmente reconhecidos para os quais existe inicialmente o direito de intentar uma ação real e para os quais o recurso ordinário a uma ação in personam pode ser convertido em ação real em determinadas circunstâncias específicas.[42]

[40] Lei n.º 40 de 1983
[41] Secção 2 (l) (a), (c) e (q)
[42] Secção 2(1) (e) a (q) em conjunto com a secção 3 (4) da Lei n.º 40 de 1983 relativa à jurisdição do Almirantado.

A origem da lei sobre o arresto de navios atualmente contida na Lei sobre a Jurisdição do Almirantado do Sri Lanka é o direito do almirantado inglês, que foi definitivamente estabelecido pela Lei do Supremo Tribunal do Reino Unido de 1981. O direito consuetudinário inglês reconhece apenas cinco reivindicações como constituindo penhoras marítimas susceptíveis de conduzir ao arresto de um navio. Estes créditos são: os danos causados por um navio, os salvados, os salários dos marinheiros, os salários e despesas do comandante e a manutenção do navio. A classificação de um crédito como um penhor marítimo significa que o crédito está ligado ao recurso a partir da data do pedido e não é afetado por alterações subsequentes na sua propriedade. Os fundamentos com base nos quais pode ser intentada uma ação in rem aumentaram progressivamente entre o Admiralty Court Act de 1840 e o Act de 1861. No entanto, o direito do almirantado inglês sempre privilegiou uma lista limitada e fechada, embora tenha sido alargada de tempos a tempos. A tradição civil sempre exigiu uma lista aberta, uma vez que a penhora antes da sentença numa jurisdição de direito civil não se limitava aos créditos marítimos, mas abrangia todas as outras dívidas. A Convenção de 1952 sobre a penhora foi redigida e introduzida para remediar esta situação. Muitos autores consideram a Convenção de 1952 como um compromisso entre o direito comum e as tradições civis.[43] Em 1952, não existia em Inglaterra uma forma geral de penhora prévia ao julgamento e a injunção Mareva só foi desenvolvida depois de 1975.[44] Em todo o caso, mesmo na Convenção de 1952, as listas de créditos eram relativamente restritas e não era exigido ao credor que procedesse ao arresto que constituísse uma garantia. Na altura, a exigência era alargar a lista de créditos pelos quais os navios podiam ser arrestados.

As autoridades nacionais foram informadas da existência de dois tipos de

[43] Berlingieri on Arrest of Ships, 2(nd) Edn, página 4, Lloyds Law Publications, 1994

[44] Gaskel, Nicholas e Richard Shaw; The Arrest Convention, 1999. Lloyds Maritime Law Quarterly, 1999, p. 470.

detenção e da necessidade de prestar uma contra-garantia em caso de detenções e pedidos injustificados.

A Convenção de 1952 parecia ser um compromisso satisfatório na altura, mas também introduziu um conceito completamente novo que permite a apreensão de navios irmãos pertencentes ao mesmo proprietário que o navio que está na origem do crédito marítimo.

As disposições da Convenção de 1952 foram incorporadas no direito inglês pelo Administration of Justice Act 1956 e constam atualmente do UK Supreme Court Act 1981. Por conseguinte, no que se refere ao apresamento de navios, as disposições contidas nas leis do Reino Unido e do Sri Lanca são quase idênticas.

A Convenção de Detenção de 1999

O regime jurídico para o apresamento de navios no Sri Lanca, tal como acima explicado, é o direito almirantado inglês, com a redação que lhe foi dada pela Convenção de 1952 relativa ao apresamento de navios, embora o Sri Lanca não tenha ratificado esta convenção. Uma nova convenção sobre o apresamento de navios foi adoptada por unanimidade por uma conferência diplomática IMO-UNCTAD em março de 1999 em Genebra. O Sri Lanka participou neste comité de redação, mas ainda não foram tomadas medidas para ratificar e incorporar esta convenção na legislação nacional.

A Convenção de 1952 sobre o Arresto, quando comparada com a Convenção de 1999 sobre o Arresto, apenas corrigiu algumas das deficiências da primeira, como a extensão do direito de atestar a créditos relativos a danos ambientais, remoção de destroços, prémios de seguro, comissões, taxas de corretagem e de agência e contratos de venda de navios. O resto da Convenção de 1999 não contém nada de revolucionário para os advogados comuns e para o direito almirantado inglês.[45]

As razões para a relutância do Governo do Sri Lanka em adotar a Convenção de Detenção podem ser múltiplas. Uma das considerações mais importantes seria a de saber se a convenção atingiu efetivamente o seu objetivo, dado que a exigência e o clamor eram de uma contragarantia para a detenção. Atualmente, o Sri Lanka não exige uma contragarantia e, só por isso, o foro do Sri Lanka tem sido muito atrativo para os requerentes que procuram embarcar em navios para satisfazer os seus pedidos. Os fornecedores de navios também têm o direito de embarcar em navios que não satisfaçam os seus créditos no Sri Lanca, através de disposições específicas da Lei da Jurisdição do Almirantado. [46]No Sri Lanca, a Lei da Marinha Mercante, na sua secção 83, define as garantias marítimas e as secções 84 e 85 tratam da ordem de prioridade das garantias marítimas.

O n.º 1 do artigo 4.º da Convenção de Detenção prevê que a detenção deve ser levantada quando tiverem sido fornecidas garantias suficientes de forma satisfatória. O que constitui uma forma satisfatória não foi clarificado. O principal porto do Sri Lanka, Colombo, que é um hub na região, depende bastante do abastecimento de navios e não gostaria de liberalizar o regime jurídico dos pedidos de abastecimento e de arresto de navios.

Foi igualmente noticiado que o Reino Unido tomará em breve medidas para incorporar a Convenção de 1999 sobre o Arresto de Navios na legislação nacional, com disposições destinadas a introduzir uma contragarantia obrigatória para o arresto de navios. Além disso, convém recordar que o Reino Unido é

---

[45] Ibid, p 484
[46] Lei n.º 52 de 1971,

fortemente influenciado pelas suas obrigações para com a UE. A adoção de tal legislação é suscetível de ter efeitos perturbadores no regime jurídico do Sri Lanka, pelas razões referidas no último capítulo.

A injunção Mareva

Uma injunção é um recurso de equidade que teve origem no Tribunal de Chancelaria inglês. A própria base de uma injunção é a prevenção de danos ou a prevenção de danos maiores, por vezes através de uma ordem provisória enquanto se aguarda a decisão final de uma ação. A legislação do Sri Lanka em matéria de injunções foi largamente influenciada pela legislação inglesa. O direito inglês moderno que rege as injunções interlocutórias, tal como são conhecidas neste país, desenvolveu-se a partir da aplicação da secção 25(8) da Lei do Supremo Tribunal de Justiça inglês de 1873, que tem a seguinte redação

Pode ser concedido um mandado de segurança ou uma injunção ou nomeado um administrador judicial por despacho interlocutório do tribunal em qualquer caso em que tal se afigure justo e conveniente.

Esta disposição foi substituída em 1925 pela secção 45(1) do Supreme Court of Judicature (Consolidation) Act, 1925, que utiliza substancialmente os mesmos termos. No exercício do seu amplo poder discricionário de emitir injunções sempre que tal seja correto ou conveniente, os tribunais ingleses desenvolveram, ao longo dos anos, três orientações principais sob a forma de três questões sequenciais:

1. O requerente estabeleceu um caso prima facie?
2. Onde se situa o equilíbrio de conveniência?
3. As considerações de equidade favorecem a concessão de uma injunção?

"Os nossos primeiros juízes formados nas tradições inglesas importaram rapidamente a abordagem inglesa para o nosso país sem prestar muita atenção às subtilezas verbais das disposições da nossa lei estatutária que, na altura, estavam incorporadas nas secções 86 e 87 da antiga Portaria dos Tribunais. Olhando para a abordagem inglesa como um todo ( ), que é agora também a nossa, pode dizer-se que corresponde às estipulações da nossa lei estatutária."[47]

A Carta de 1833 criou um único Supremo Tribunal para toda a ilha: o Supremo Tribunal do Ceilão. O Supremo Tribunal estava habilitado, nomeadamente, a conceder e emitir mandados de segurança, Procedendo e Proibindo, Habeas Corpus e injunções. O Supremo Tribunal estava autorizado, nos termos da secção 20 da Portaria relativa aos Tribunais, a conceder e emitir injunções para evitar qualquer dano irremediável que pudesse ocorrer antes de o requerente da injunção o poder evitar através da interposição de uma ação num tribunal de origem.[48] Num caso adequado, o Supremo Tribunal tem o poder de conceder uma injunção após uma audiência exparte e sem aviso prévio à parte contrária. [49]No entanto, antes de conceder a injunção, o Supremo Tribunal tem de considerar que, com base nos factos apresentados, seria possível intentar uma ação injuntiva num tribunal de origem.

As disposições relativas às acções inibitórias constam atualmente do artigo 54° da Lei da Judicatura 2 de 1978, com a redação que lhe foi dada pela Lei 16 de 1989. Enquanto o Decreto dos Tribunais (agora Lei da Judicatura) criou a competência dos tribunais para conceder injunções, os artigos 662.° a 667.° do Código de Processo Civil prescrevem o procedimento a seguir para requerer injunções.

---

[47] Soza, J.F.; Judges' Journal, 1990 (antigo juiz do Supremo Tribunal do Sri Lanka e atualmente diretor do Instituto de Formação de Juízes).
[48] Mahando v. Ibrahim, [1895] 2 New Law Reports, 36.
[49] Arnolis Silva v. Tambiah, [I961] 63 New Law Reports, 228

A injunção Mareva, embora de origem muito recente, tornou-se um instrumento importante do direito marítimo em muitos países de direito comum. Nestas circunstâncias, é útil examinar a evolução e a extensão da sua aplicabilidade no Sri Lanka. Tudo começou com o *processo Nippon Yusen Kaisha contra Karageorgis*.[50] O queixoso, Nippon Yusen Kaisha, um importante armador japonês, fretou três navios a dois fretadores gregos, George e Johan Karageorigis, os arguidos. Os réus, depois de terem pago uma parte do contrato de fretamento, não pagaram o restante. Não foi possível encontrar os demandados e o escritório no Pireu foi encerrado. No entanto, os demandantes acreditaram corretamente que os demandados tinham dinheiro no seu banco em Londres. Para além de pedirem uma indemnização por incumprimento do contrato, os queixosos pediram também, ex parte, uma providência cautelar para impedir os réus de retirarem os seus bens da jurisdição do tribunal. Donaldson J. (Master of Rolls) indeferiu o pedido ex parte com base nos princípios estabelecidos pelas anteriores autoridades inglesas.[51] O queixoso recorreu para o Court of Appeal e Lord Denning MR deu provimento ao recurso, declarando

Parece-me que chegou o momento de rever a nossa prática. Não há qualquer razão para que o High Court ou este Tribunal não possam proferir uma decisão como a que aqui se pretende. A Secção 45 da Lei do Supremo Tribunal justifica-o: o Tribunal pode conceder um mandamus ou injunção ou nomear um administrador judicial por despacho interlocutório em qualquer caso em que considere justo ou conveniente fazê-lo. Parece-me que este é exatamente um desses casos. Existe uma forte presunção de que a renda é devida e não paga. Se não for concedida uma injunção, esse dinheiro pode ser transferido para fora da jurisdição e os armadores terão a maior dificuldade em recuperar o que quer

[50][1975] I WLR 1093; [1975] All ER 282
[51] Lister & Co vs Stubbs [1890] 45 CH D I

que seja.[52]

No entanto, o princípio jurídico só se cristalizou após o segundo caso, que teve lugar no local quatro semanas após o caso Nippon e que também deu o nome à injunção: *Mareva Compania Naviera S.A. Vs International Bulk Carriers Ltd.*[53] Tratava-se de um processo relativo ao navio "Mareva" subfretado ao abrigo de um contrato de fretamento à viagem, mas o fretador não pagou os adiantamentos, embora o subfretador tivesse efectuado os pagamentos devidos ao fretador. Foi emitida uma injunção para impedir a transferência do dinheiro de um banco londrino propriedade dos arguidos.

Posteriormente, a injunção Mareva conheceu um grande desenvolvimento e tem sido utilizada livremente em processos marítimos, em especial quando o crédito não é uma garantia marítima. No Sri Lanka, embora este recurso não seja amplamente utilizado, provavelmente devido ao seu aparecimento relativamente recente, parece que os juízes estão dispostos a aplicar este princípio nos tribunais do Sri Lanka. [54]O juiz Soza, no seu artigo intitulado Law of Injunctions, afirma
No Sri Lanka, o procedimento de detenção e sequestro antes do julgamento, nos termos das secções 650 e 661 do Código de Processo Civil, é muito semelhante, mas é preciso ter cuidado. Os tribunais não dispõem de tanto poder discricionário como em Inglaterra. Não existe uma regra certa ou prática.

No entanto, por razões de equidade, o juiz Soza considerou que a injunção Mareva podia ser emitida pelos tribunais do Sri Lanka. Acrescenta:
Não vejo qualquer razão para que não seja esse o caso. Pode ser emitida uma injunção Mareva para impedir o levantamento ou a alienação de activos (como dinheiro num banco) que não são objeto do processo quando o próprio

[52] Supra, WLR Page 1095
[53] [1975] 2 Lloyds Reports 509
[54] Supra, Journal des juges 1990.

requerido não se encontra na jurisdição; caso contrário, o requerente pode não conseguir executar a decisão. Com a proliferação de empresas estrangeiras no Sri Lanka,

Não tenho dúvidas de que a injunção Mareva será um instrumento muito útil.

A influência do direito inglês no sistema jurídico do Sri Lanka fez-se, por conseguinte, sentir em todos os domínios do direito marítimo. No entanto, esta influência nem sempre foi negativa, mas mais frequentemente benéfica. O dilema para os juristas seria controlar a influência do direito inglês e aplicar os desenvolvimentos úteis do direito inglês, encontrando simultaneamente medidas para evitar os efeitos indesejáveis.

Capítulo V

Conclusão

O direito inglês entrou no sistema jurídico do Sri Lanka principalmente de duas formas. A primeira é o diploma de direito civil de 1852, que deve ser lido em conjunto com o diploma de direito romano neerlandês.[5556] De facto, o diploma de direito romano neerlandês limitava a aplicação do direito inglês, exceto por legislação expressa, e excluía, por conseguinte, as decisões judiciais. Atualmente, porém, verifica-se que o sistema jurídico do Sri Lanka contém certos princípios do direito inglês que nunca foram introduzidos através de legislação expressa. Os juízes que foram educados em Inglaterra, que estudaram o direito inglês e que se comportaram mais ou menos de acordo com as tradições inglesas, introduziram estes princípios nas suas decisões e, eventualmente, estes princípios cristalizaram-se no corpo jurídico local. Os princípios jurídicos ingleses e as tradições da common law ficaram ainda mais gravados no sistema jurídico do Sri Lanka devido ao sistema de governação parlamentar de Westminster que o país herdou e manteve até 1978.56

Tal como vimos nos capítulos anteriores, não há dúvida de que o sistema jurídico do Sri Lanka beneficiou enormemente das ricas tradições jurídicas de Inglaterra. Atualmente, pode dizer-se que o direito inglês se tornou a língua do mundo comercial. Consequentemente, o Sri Lanka, que herdou uma tradição jurídica tão rica, tem uma grande vantagem sobre a maioria dos outros países em

[55] Portaria sobre o direito romano neerlandês, Secção 2, (Capítulo 12) Textos legislativos do Ceilão, 1956.

[56] O Ceilão tornou-se independente em 4 de fevereiro de 1948, mas continuou a aplicar a Constituição de Soulbery até 1972, altura em que foi introduzida a Constituição Republicana de 1". No entanto, a Constituição de 1972 também foi redigida segundo o modelo de Westminster. A 2.ª Constituição Republicana (1979) afastou-se deste modelo e adoptou o sistema francês de uma presidência executiva.

desenvolvimento no domínio do comércio.

Dilema

O dilema que o país enfrenta atualmente é o seguinte: com os benefícios da lei inglesa a influenciar o sistema local, como pode o efeito dos aspectos potencialmente negativos de tal aplicação ser minimizado? A importação do direito inglês por qualquer outro meio que não o legislativo põe em causa, sem dúvida, a independência e a soberania do país. Por outro lado, apesar de não ser expressamente permitida, a introdução de princípios jurídicos ingleses através de decisões judiciais não criou quaisquer problemas, provavelmente devido ao controlo dos juízes do sistema judicial do Sri Lanka. Assim, o perigo mantém-se no primeiro caso. A conduta que transporta o atual direito inglês sem qualquer filtragem é o diploma de direito civil. Através desta passagem, o direito consuetudinário e o direito estatutário inglês entram indiscriminadamente no país. A fim de remediar a aplicação indiscriminada do direito inglês, é necessário examinar o efeito de dois tipos de direito, nomeadamente o direito consuetudinário inglês e o direito estatutário inglês.

O direito consuetudinário é o conjunto de leis derivadas dos costumes e das decisões judiciais, por oposição aos estatutos aprovados pelo Parlamento. A base do direito consuetudinário é constituída principalmente por decisões judiciais antigas que remetem para as opiniões dos juristas, os costumes e os usos. A common law de Inglaterra está agora cristalizada e só pode ser alterada por uma lei expressa do Parlamento do Reino Unido. A common law não pode, por conseguinte, continuar a constituir um perigo para o sistema jurídico do Sri Lanka. O direito estatutário inglês, no seu conjunto, também não constitui um problema. O sistema jurídico do Sri Lanka coexistiu de forma harmoniosa e feliz com o direito inglês durante mais de um século, até que a Inglaterra começou a aproximar-se da União Europeia. Em consequência disso, surgiram no Reino Unido, nos últimos anos, leis diretamente contrárias aos interesses do Sri Lanka.

O direito inglês, tal como contemplado no diploma de direito civil de 1852, inclui toda a legislação em vigor na altura e a legislação a promulgar por futuros parlamentos após 1852, desde que o diploma de direito civil continue em vigor e o legislador do Sri Lanca não tenha promulgado disposições contrárias ao direito inglês (direito consuetudinário e direito estatutário), tal como previsto no artigo 2. É igualmente evidente nesta secção que a introdução do direito inglês nunca impediu o legislador do Sri Lanca de alterar, modificar ou introduzir nova legislação no domínio marítimo. De facto, os sucessivos parlamentos do Sri Lanka introduziram um grande número de leis marítimas. O problema é que a introdução de nova legislação não impede a aplicação da nova lei inglesa no Sri Lanka através do diploma de direito civil, se essa lei for aplicada.
O direito inglês contém disposições que não se encontram na legislação local. A questão é: pode o Governo do Sri Lanka estar sempre atento aos desenvolvimentos legislativos no Reino Unido? Partindo do princípio de que isso é possível, pode o Parlamento do Sri Lanka aprovar leis para contrariar imediatamente essa intervenção legal "não autorizada", a fim de impedir o efeito dessas leis no sistema jurídico local? As leis têm de ser redigidas e aprovadas de acordo com o procedimento estabelecido na Constituição e, por conseguinte, demoram muito tempo.

Em busca de uma solução

Uma solução para este problema poderia ser a revogação da lei de 1852 sobre o direito civil. Este ato legislativo introduziu um direito substantivo aplicável a todo o direito marítimo, bem como à maior parte do direito comercial. Se a portaria sobre o direito civil for revogada, não haverá direito substantivo aplicável a domínios como o seguro marítimo, os salvados, a média geral, a colisão e muitos outros domínios, incluindo a maior parte do direito comercial. O vácuo jurídico que se criaria no endereço nesse caso seria desastroso e irremediável imediatamente, principalmente devido à natureza do sistema jurídico do Sri Lanka. O Sri Lanca não só herdou uma forte cultura de direito comum dos britânicos, como também a desenvolveu fielmente ao longo de mais de cento e cinquenta anos. Se o Governo revogasse o diploma de direito civil e, em seguida, promulgasse todo o direito substantivo abrangido pelo referido diploma, essa redação levaria um período de tempo considerável devido ao grande número de decisões judiciais que têm de ser tidas em conta durante a redação. Além disso, o

Os conflitos e contradições que irão surgir na nova legislação com a tradição de direito consuetudinário a que o sistema judicial do Sri Lanka está tão fortemente ligado irão perturbar o bom funcionamento do sistema. Por conseguinte, a revogação do diploma de direito civil e a adoção de um novo corpo legislativo não é uma solução plausível para o problema.

Um compromisso razoável consistiria em congelar a lei inglesa aplicável num determinado momento. Na sua versão atual, a lei aplicável seria "tal como aplicada em Inglaterra ao mesmo caso no momento em causa". [57]Quando se examinam os problemas encontrados pela aplicação da lei inglesa, não é difícil determinar o ponto de partida para a compatibilidade dos dois sistemas. Se a aplicação do direito inglês for congelada num determinado momento por legislação expressa, pode ser prevista na mesma legislação a aplicação do direito comum e do direito estatutário inglês nesse momento, mesmo para questões futuras, como o direito substantivo aplicável no Sri Lanca. Em qualquer caso, o Parlamento do Sri Lanca é competente para legislar sobre o futuro

[57] Secção 2, Decreto de Direito Civil, 1852

desenvolvimento do direito marítimo, introduzindo nova legislação ou alterando a legislação existente em conformidade com as obrigações internacionais. De facto, o Parlamento do Sri Lanka aprovou recentemente várias leis que incorporam convenções internacionais e regras semelhantes. Foram promulgadas a Lei n.º 21 de 1982 relativa ao transporte marítimo de mercadorias (Regras de Haia/Visby) e a Lei sobre a poluição marinha.
A Lei de Prevenção do Crime, n.º 59 de 1981, é considerada uma prova da competência legislativa do Parlamento Nacional.

A este respeito, é importante ter em conta a data em que o Reino Unido começou a adotar o direito marítimo da UE. Uma das primeiras convenções adoptadas pelo Reino Unido foi a Convenção relativa à Competência Judiciária e à Execução de Decisões em Matéria Civil e Comercial.[58] A questão atual que o Sri Lanca enfrenta é a aplicabilidade da Convenção de 1989 sobre Assistência. Esta questão foi debatida em capítulos anteriores. Afigura-se que não existia qualquer conflito entre os dois sistemas jurídicos antes de 1982 e que uma data mais próxima de 1980 seria adequada para congelar a aplicabilidade do direito inglês.

A atual Constituição, redigida segundo o modelo da Constituição francesa, entrou em vigor em 4 de fevereiro de 1978, pondo termo ao sistema parlamentar de Westminster.[59] Por conseguinte, sugere-se que a lei inglesa seja congelada a partir de 4 de fevereiro de 1978, que também coincide com o Dia da Independência do Sri Lanka, uma data valiosa e historicamente apropriada.

O Sri Lanka é um Estado independente e uma democracia forte no mundo. Se o país precisar de alterar a sua estrutura jurídica, incluindo a legislação marítima, o

[58] A Convenção foi assinada pelos seis Estados-Membros originais, nomeadamente a Bélgica, a França. Alemanha, Bélgica, França, Itália, Luxemburgo e Países Baixos em 23 de setembro de 1968 e entrou em vigor em 1 de fevereiro de 1973.

[59] ver nota de rodapé 56

órgão legislativo, o Parlamento do Sri Lanka, pode aprovar essa legislação por sua própria iniciativa e em conformidade com as disposições da Constituição do país.

Queres - respondeu o timoneiro,
Aprender o segredo do mar?
Apenas aqueles que enfrentam os perigos
Compreender o seu mistério
-Henry Wandsworth 1807- 1882

MIX
Papier aus verantwortungsvollen Quellen
Paper from responsible sources
FSC® C105338

Printed by Books on Demand GmbH, Norderstedt / Germany